W9-AIB-456

Gracias a Bas Leinders.

TRADUCCIÓN: Diego de los Santos

TÍTULO ORIGINAL: *De autocoreur*
Publicado por primera vez en Bélgica y los Países Bajos
por Editorial Clavis, Hasselt – Ámsterdam – Nueva York, 2010

© Editorial Clavis, Hasselt – Ámsterdam – Nueva York, 2010
© DE ESTA EDICIÓN: Grupo Editorial Luis Vives, 2016

ISBN: 978-84-140-0196-7
DEPÓSITO LEGAL: Z 1663-2015

IMPRESIÓN
Edelvives Talleres Gráficos. Certificado ISO 9001
Impreso en Zaragoza, España

Todos los derechos reservados. Cualquier forma de reproducción, distribución, comunicación pública
o transformación de esta obra solo puede ser realizada con la autorización de sus titulares, salvo
excepción prevista por la ley. Diríjase a CEDRO (Centro Español de Derechos Reprográficos) si necesita
fotocopiar o escanear algún fragmento de esta obra (www.conlicencia.com; 91 702 19 70 / 93 272 04 47).

3 1489 00688 1526

QUIERO SER...

# PILOTO DE CARRERAS

Liesbet Slegers

EDELVIVES

FREEPORT MEMORIAL LIBRARY

El automovilismo es un deporte emocionante.
Las carreras de coches más famosas son las de Fórmula 1
y tienen lugar en diferentes ciudades de todo el mundo.
En ellas participan los mejores pilotos.

Es muy divertido ver esas carreras en la tele.
¿Quién cruzará primero la línea de meta?

**CASCO (CON UN TUBITO PARA BEBER, UNA RADIO Y UN MICRÓFONO)**

El traje de un piloto es ignífugo, es decir, resistente al fuego. ¡También su ropa interior! El piloto lleva un casco especial: dentro tiene un tubito para beber mientras conduce, porque necesita tener las manos en el volante todo el tiempo.

En el casco también lleva un micrófono para hablar con su equipo durante la competición. El casco protege los oídos del alto nivel de ruido que produce su coche.

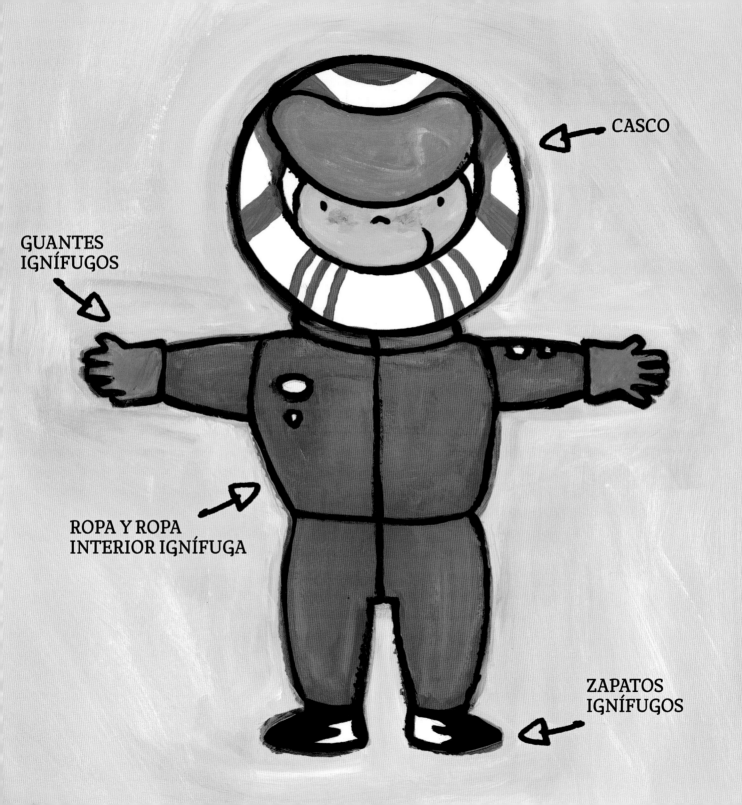

CASCO

GUANTES
IGNÍFUGOS

ROPA Y ROPA
INTERIOR IGNÍFUGA

ZAPATOS
IGNÍFUGOS

Un piloto de carreras solo puede ganar si su coche
está en perfecto estado. Los pilotos conducen
por un circuito, que es un gran círculo con curvas.
Forman parte de un equipo en el que hay, además,
otros pilotos y mecánicos.

Los mecánicos trabajan en los boxes, un pequeño taller
situado en el circuito. Durante la carrera, el coche hace
una o más paradas en boxes para cambiar los neumáticos
o repostar. El equipo trabaja a toda velocidad.
¡El coche tiene que estar listo cuanto antes!

COCHE DE CARRERAS

CIRCUITO

BOXES

MECÁNICOS

Conducir a toda velocidad es un trabajo muy exigente
y un piloto necesita estar sano y fuerte. Debe alimentarse
bien, comer frutas y verduras, y entrenar mucho.

No se puede empezar a competir sin más: antes hay
que ir a una escuela de pilotos de carreras.
Solo los mejores llegarán a competir un día en la Fórmula 1.

Un piloto de Fórmula 1 tiene que prepararse
adecuadamente para cada carrera. El primer día tendrá
que echarle un vistazo al circuito. Una curva a la izquierda,
luego todo recto, luego dos curvas a la derecha…
Suele explorar el circuito a pie o en bici.

Mientras tanto, un gran camión transporta su coche.
Lleva neumáticos de repuesto y todo tipo de herramientas
para, por ejemplo, poner a punto el motor.

El segundo día hay una prueba de velocidad. Uno tras
otro, los pilotos dan una vuelta al circuito lo más rápido
que pueden. Los más veloces en esta prueba saldrán
en las primeras posiciones en la competición definitiva.
En la primera fila no hay espacio para todos los coches.

A estas alturas, el piloto está más que preparado: conoce
el circuito de memoria y está listo para el gran día.

El tercer día es el más importante: los pilotos corren
en la carrera de verdad. Los motores rugen con fuerza.
¡El ruido es ensordecedor!

El piloto se sienta al volante con el casco en la cabeza
y el cinturón de seguridad bien ajustado.
Una luz roja se apaga y los coches salen disparados.
Los automóviles van a toda velocidad y los mejores
pilotos consiguen ponerse por delante.

En el transcurso de la carrera el piloto pasa mucho calor.
Afortunadamente, puede beber a través del tubito
del casco.

Viene una curva a la izquierda, luego todo recto
y dos curvas a la derecha... Por suerte, conoce el circuito
de memoria. Todos los pilotos dan lo mejor de sí.
¡La carrera se pone cada vez más emocionante!

¡BRUUUM!

Por culpa de la alta velocidad, los neumáticos del coche de carreras se desgastan rápidamente. El piloto hace una parada en boxes para cambiarlos. Habla por la radio con su equipo, que espera con las herramientas preparadas.

Hay que hacer el cambio muy rápido para no retrasarse. ¡Los demás pilotos no esperan! Cambian las cuatro ruedas en pocos segundos y... «¡ZUUUM!», el coche vuelve al circuito.

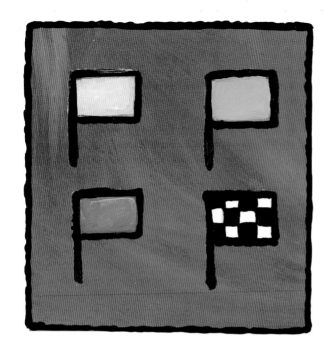

El piloto tiene que prestar atención a las banderas
a lo largo del circuito. Una bandera amarilla significa
peligro, y la sacan si hay un accidente. Una bandera verde
anuncia que el peligro ya ha pasado. Una bandera azul
indica que un piloto quiere adelantar a otro.

En la línea de meta agitan una bandera de cuadros
blancos y negros cuando llega el primer coche.
En ese momento sabemos quién ha sido el ganador.

Los tres primeros pilotos suben al podio y el ganador recibe una copa. Los corredores más veloces están muy contentos. Celebran su trabajo y el resultado de la carrera.

Descorchan una botella y el champán sale a chorros. ¡Que empiece la fiesta para celebrar la victoria!

Aunque los coches de juguete son divertidos,
ser un auténtico piloto de Fórmula 1 debe de ser genial.
¿Te lo imaginas?

Quizá algún día tú te conviertas en un as de la velocidad.
Podrías ser un corredor, un ciclista, ¡o un piloto de carreras!

# El piloto está preparado para acelerar y ganar la gran carrera.

¿Qué vehículo le sirve para competir?
¿Qué objetos tienen que ver con las carreras de coches?
¿Qué cosas jamás encontrarías en un circuito?

Un piloto tiene que cuidar lo que come y debe pensar con anticipación en la carrera. También debe tener reacciones rápidas, trabajar en equipo, e incluso reservar fuerzas para celebrar.

En las siguientes imágenes, ¿dónde se preocupa por su dieta? ¿En cuál se imagina cómo será la carrera? ¿En dónde notas su capacidad de reacción? ¿Cuál es el momento de felicidad? ¿Y dónde ves trabajo en equipo?

¡Qué divertido es ver las carreras de coches!
Van tan rápido, que se puede generar confusión.

¿Puedes encontrar las cinco diferencias
en las ilustraciones antes de que termine la carrera?

1